Daniela Kulot-Frisch

Das Gespenst im Gurkenglas

Volk und Wissen Verlag
Kamp Schulbuchverlag

Die Deutsche Bibliothek – CIP-Einheitsaufnahme

Kulot-Frisch, Daniela:
Das Gespenst im Gurkenglas / Daniela Kulot-Frisch. -
Berlin: Volk und Wissen, 1998
(Känguru : Mit Comics lesen lernen)
ISBN 3-06-101901-4
NE: HST

Ungekürzte Lizenzausgabe für Volk und Wissen Verlag, Berlin

Didaktische Beratung: Prof. Dr. Manfred Wespel
Nach den Regeln der neuen Rechtschreibung

Gedruckt auf umweltfreundlichem Papier ohne Chlorbleiche

Ausstattung und Herstellung: arsEdition, München
Titelbild und Innenillustrationen: Daniela Kulot-Frisch
Titelvignette: Carola Holland
Einbandgestaltung: Ralph Bittner
Lektorat: Sabine Rahn
Printed in Germany · ISBN 3-06-101901-4

Willi findet Gespenster super.

Er sammelt alles,
was mit Gespenstern zu tun hat.

Dafür gibt er sein ganzes Taschengeld aus.

Das verstehen seine
Freunde gar nicht.

Sogar nachts träumt Willi davon,
einem richtigen Gespenst zu begegnen.

Eines Nachts kann Willi nicht einschlafen.
Ich habe noch Hunger.
Ich schau mal, was im Kühlschrank ist.

Der Kühlschrank ist fast leer.
Igitt, Gurken!
Was heißt hier igitt? Lass mich raus!
Mann, das kann doch nicht wahr sein! Was ist das denn?
Das siehst du doch! Ich bin ein Gurken-Gespenst!

Ein Gespenst habe ich mir immer ganz anders vorgestellt.
Ich bin der Gurkerich. Wer mich entdeckt ...
... muss sich auch um mich kümmern.
Klar. Gerne! Was muss ich tun?

Ich brauche jeden Tag ein frisches Gurkenglas.
Ich brauche viel Ruhe ...
... und jetzt möchte ich wieder schlafen.
Ich auch!

Und Willi träumt von all den tollen Dingen,
die er mit dem Gurkerich erleben wird.

So, wie es in den Gespensterbüchern steht.

Gleich am nächsten Morgen
geht Willi Gurken kaufen.
Welches Glas
nehme ich nur?
Am besten
das billigste.
Draußen trifft Willi Lars,
Martin und Simone.
EIS
O nein!

Hallo, Willi!
Was machst du mit dem riesigen Glas Gurken?
Bestimmt Gespenster füttern!
Hahaha!
Wenn die wüssten!

Denen werde ich es zeigen!

Die werden staunen!

Willi!

Wieso hast du dir Gurken gekauft?
Och ... zum Essen, Mama.
Komisch, Willi mag doch gar keine Gurken!

Guten Morgen, Gurkerich! Hier sind deine frischen Gurken.
Wird ja auch Zeit!
Wie die riechen!

Pfui Teufel!!!
Das sind wohl die billigsten Gurken, die es gab!
Da gehe ich nicht rein!
Kauf mir teure Gurken! In diesen werde ich ja wieder zu einer Gurke!
Bitte nicht!

Ich will doch mit ihm in ein Gespenster-Schloss fliegen!
Ganz schön teuer!

Aber Willi hat kein Geld mehr.
Er hat ja die teuren Gurken gekauft.

He, Willi,
seit wann magst du
kein Eis mehr?

Willi kauft sich
lieber Gurken!
Na wartet!

Gurken schmecken viel besser als Eis!
Viel besser!!!
Die solltet ihr auch mal versuchen!
?
?
?

Puuh!
Gurkerich, ich bin wieder da!
GURKERICH! Bist du etwa schon verhungert?
Keine Panik! Ich habe nur zu viel gegessen.

Die sehen besser aus!
Die sind prima!
Und jetzt möchte ich nicht mehr gestört werden.
Nach dem Essen muss ich schlafen.

Wie langweilig! Wann fliegt er mit mir?
klopf klopf
Wo sind denn die Gurken?
Äh, die sind aufgefressen, ich meine aufgegessen.

Dir wird noch schlecht werden!
Zu viele Gurken sind gar nicht gesund.
Zzzzzzz
Das Gefühl habe ich auch.

Am nächsten Tag
gleich nach der Schule:
Willi hat schon wieder
Gurken gekauft.
Die müssen
ja toll schmecken.
Die sollten
wir auch mal
probieren.

Heute möchte Willi endlich mit dem Gurkerich fliegen.
Hast du frische Gurken?
Na klar!
Wenn du satt bist, fliegen wir, ja?

Wieso fliegen?
Du bist doch ein Gespenst. Gespenster fliegen doch!
Ich glaube, du liest zu viele Gespensterbücher. Ich kann gar nicht fliegen.
Was? Du kannst nicht fliegen?

Kannst du mir kein Gespenster-Schloss zeigen?
Natürlich nicht! So etwas gibt es doch gar nicht!

Was kannst du denn eigentlich?
Essen und schlafen. So wie alle Gurkeriche.

Jetzt reicht's!
Endgültig!
Ich muss ihn wieder loswerden.

Und Willi weiß auch schon wie.
Ich bringe ihn zurück in den Supermarkt.

Los, kommt! Wir sehen mal nach, was für Gurken Willi heute kauft.

Tschüs, Gurkerich.
Viel Spaß noch!
He, was
soll das?

Ich glaube, das sind
die Gurken, die Willi
immer kauft.
Wie die wohl
schmecken?
Und jetzt will ich
ein Eis!

Willi sieht seine Freunde aus dem Supermarkt kommen.
Hm, das schmeckt!
Seit wann esst ihr denn Gurken?
Wir wollen nur mal probieren, wie die schmecken.
Wenn nicht, dann könnt ihr ja Gespenster damit füttern!
Ende

KÄNGURU Lesestufen-Modell

So macht Lesenlernen richtig Spaß – mit Büchern, die auf die unterschiedlichen Lernphasen und Klassenstufen zugeschnitten sind. »Denn Kinder werden zu begeisterten Lesern, wenn Buch und Leseentwicklung zusammenpassen.«

Prof. Dr. Manfred Wespel, lesedidaktischer Berater des KÄNGURU-Programms

Für Leseanfänger ab 6 Jahre

Das Gespenst im Gurkenglas NEU
DM 10,80 3-06-101901-4

Piraten an Bord NEU
DM 10,80 3-06-101902-2

Für Erstleser ab 7 Jahre

Kleine Schulgeschichten NEU
DM 10,80 3-06-101904-9

Kleine Fahrradgeschichten NEU
DM 10,80 3-06-101905-7

Kleine Spaßgeschichten NEU
DM 10,80 3-06-101906-5

Kleine Omageschichten NEU
DM 10,80 3-06-101903-0

Weitere Titel in der Känguru-Reihe sind für fortgeschrittene Leser ab 8 Jahre im Verlag arsEdition erschienen.